8° R
20507

GRANDJEAN

AVOCAT

DOCTEUR EN DROIT

AF257223

Des Coopératives

de Consommation

1906

RENÉ GRANDJEAN

AVOCAT

DOCTEUR EN DROIT

Des Coopératives

de Consommation

1906

Des Coopératives de Consommation

Un des faits les plus caractéristiques de l'histoire économique de la fin du XIXe siècle et du commencement du XXe est la tendance qu'ont montrée les agglomérations d'individus ayant les mêmes soucis, les mêmes intérêts, à se grouper pour leur défense ou pour la satisfaction de leurs besoins. L'idée de coopération et de mutualité a pénétré partout et les classes ouvrières surtout ont enfin compris le profit qu'elles pouvaient tirer de l'association qui fait de l'impuissance de chacun la puissance de tous; aussi les sociétés coopératives se sont-elles multipliées de nos jours et il est permis de fonder de grandes espérances sur leur développement.

Il existe trois formes de coopératives :

1° Les coopératives de consommation ;

2° Les coopératives de crédit ;

3° Les coopératives de production.

Nous ne nous occuperons ici que des premières que nous nous proposons d'étudier d'après le plan suivant :

I. — Théorie des sociétés coopératives de consommation.

II. — Etude des sociétés déjà créées dans leur fonctionnement pratique.

III. — Conclusions. Organisation d'une coopérative type.

I

La coopération de consommation a pour but l'achat, et même jusqu'à un certain point, la manutention d'objets destinés aux besoins personnels des membres de la Société ou aux besoins d'une profession ou industrie. Les Sociétés de ce genre, qui ne sont autres que les « distributive Sociéties » anglaises, se proposent de fournir avec économie à leurs membres et parfois à tout le public les denrées nécessaires à la vie courante, elles vendent le plus souvent sans crédit, à prix coûtant ou avec un léger bénéfice et suppriment les intermédiaires.

Voyons les avantages que retire l'ouvrier de la réalisation de ce programme : tout d'abord le consommateur profite des bénéfices que les intermédiaires supprimés prélevaient sur lui, bénéfices qui se réalisent soit directement par une notable diminution des prix ordinaires, si l'on vend les marchandises ce qu'elles ont coûté (sauf un prélèvement minime pour les frais généraux et les intérêts du capital), soit indirectement si, par une méthode plus habituelle, et en même temps plus prudente, la Société vendant à un prix supérieur au prix de revient, mais un peu inférieur ou même égal à celui du commerce ordinaire, répartit entre les associés et au prorata de leurs achats, le montant des bonis ainsi réalisés sauf une retenue pour une réserve de prévoyance.

Ce dernier système fait ainsi de la coopérative de consommation une sorte d'institution d'épargne, la distribution à la fin de l'année de dividendes appréciables qu'on se procure non en se privant mais en dépensant est comme une prime d'encouragement et peut intéresser bien des ménages.

Un autre avantage, et non des moindres, de la coopération de consommation est que ceux qui achètent et ceux qui vendent ayant ici les mêmes intérêts, les coopérateurs obtiennent des denrées saines et non falsifiées, pesées et mesurées avec sincérité et qu'ils sont ainsi à l'abri de la réclame, du mensonge et de la fraude qui se rencontrent parfois dans le commerce ordinaire.

L'achat au comptant obligatoire d'après les statuts d'un grand nombre de coopératives est aussi, quoique moins sensible et moins bien apprécié par l'ouvrier, très avantageux pour lui. L'achat à crédit qu'encouragent le plus souvent les détaillants est en effet funeste aux ouvriers qu'il met à la merci de ceux-ci, en faisant d'eux des clients forcés qui n'osent réclamer ni sur le prix, ni sur la qualité de la marchandise, par crainte de se voir exiger le paiement d'une lourde dette qu'ils ne sont pas en mesure de régler ; habitués à ne pas payer ils consomment plus que leurs moyens ne le leur permettent et accumulant dettes sur dettes prendront des habitudes de désordre et d'imprévoyance qui les conduiront petit à petit à la misère.

Du fait même que l'ouvrier retire de la coopération de consommation des avantages considérables le patron lui-même profite aussi ; en effet le travailleur stable, sérieux s'embauchera et demeurera de préférence là où la vie matérielle lui semblera assurée dans les meilleures conditions, le système coopératif tendant à ce but, les industries où il sera organisé auront plus de chances de réunir un personnel composé des meilleurs éléments.

En exigeant de l'ouvrier de l'ordre et de la prévoyance par l'obligation d'acheter au comptant la coopération interviendra utilement en contribuant, sans qu'il s'en aperçoive, à son éducation sociale ; l'ouvrier rangé et sérieux dans son ménage est le plus souvent un bon ouvrier pour son patron. La coopération peut donc encore avoir par là une influence heureuse pour l'ouvrier et profitable au patron.

La Société coopérative remplace avec succès l'économat non pas pour l'ouvrier mais pour le patron : l'ouvrier en effet aurait bien plutôt intérêt à se fournir à un économat scrupuleusement géré car il éviterait les soucis de l'administration qui retombent entièrement sur le patron ; celui-ci, dans ce système, joint aux soucis de la direction de sa propre industrie, ceux de la gérance compliquée d'un économat tandis que dans la coopération il peut n'avoir aucune part ou qu'une part minime dans l'administration de la Société.

Enfin le système coopératif est contre les doctrines socialistes le plus sûr et le plus généreux des remèdes ; améliorant le sort de l'ouvrier et tendant dans sa modeste sphère à résoudre sous un de ses aspects la question sociale il fut longtemps attaqué par les socialistes qui lui reprochaient d'être un leurre pour les ouvriers dont il faisait abaisser les salaires ; la vérité est que la coopération est leur ennemie parce qu'elle contribue à éteindre la lutte des classes dont certains meneurs prétendent précisément vivre.

Un autre grief qu'ils invoquaient aussi contre les coopératives de consommation était de constituer une iniquité vis-à-vis des petits détaillants qu'elles arrivent à éliminer ; ce n'est cependant pas un mal car, quand les intermédiaires dépassent le chiffre nécessaire pour la répartition des produits, ils cessent d'être productifs.

En présence du succès des institutions coopératives les socialistes ont depuis quelque temps cessé de les combattre et s'en sont au contraire fait malheureusement une arme, comme nous le verrons plus loin.

Cette étude visant surtout à être pratique, nous nous bornerons à ces quelques considérations théoriques indispensables pour voir dans un deuxième chapitre comment ces idées ont été pratiquement appliquées dans les divers pays et passer en revue une partie des sociétés déjà créées, particulièrement en Meurthe-et-Moselle.

II

Il est peu de pays en Europe où le mouvement coopératif sous la forme de sociétés de consommation n'ait pris un sérieux développement mais chaque peuple n'a pas appliqué les principes dégagés plus haut de la même façon, les méthodes pratiques diffèrent souvent entre elles.

ANGLETERRE. — La supériorité en cette matière appartient incontestablement à l'Angleterre. Les premiers essais de coopération en ce pays remontent à plus d'un siècle mais ce ne fut guère qu'en 1844 que naquit la coopération moderne. Vingt-huit pauvres tisserands de Rochdale, les célèbres « Équitables pionniers » parvinrent grâce à leur énergie et à leur honnêteté et malgré toutes les difficultés qu'ils rencontrèrent, à réunir un maigre capital de 28 livres sterling (700 fr.) grâce auquel ils purent ouvrir au fond d'une ruelle, un humble magasin d'épicerie : cette société de consommation allait mourir à peine née lorsqu'un de ses fondateurs Charles Howarth eut une idée de génie, ce fut de décider que les bénéfices réalisés par la Société seraient distribués au prorata des achats effectués par chaque Sociétaire et non plus comme auparavant au prorata du nombre des actions possédées par celui-ci ; le capital perdait son rôle prédominant et devait se contenter désormais d'un intérêt modeste (5 o/o d'ordinaire).

Grâce à cette innovation l'entreprise réussit à merveille et n'a fait que prospérer depuis sa création ; aujourd'hui la Société de Rochdale qui compte près de 20.000 membres, fait annuellement pour plus de 11 millions d'affaires. Pour justifier le titre « d'équitables pionniers » qu'ils s'étaient donné, les coopérateurs de Rochdale se proposaient outre leur but immédiat (acheter à meilleur compte en achetant par grande quantité), d'élever le niveau de la classe ouvrière à laquelle ils appartenaient en consacrant une partie de leurs bénéfices à la création d'établissements pour l'instruction et le développement moral des membres de l'association. et ils le firent ainsi que les nombreuses sociétés qui, suivant cette initiative, et s'inspirant de ces principes, se sont fondées rapidement sur tous les points du territoire du Royaume-Uni.

Ces Sociétés ont pendant plusieurs années vécu isolées et indépendantes, mais dès 1863, toutes ces associations disséminées se confondirent en une vaste fédération, afin d'obtenir par leurs achats en commun des avantages qu'elles ne pouvaient avoir si elles agissaient individuellement. Ce Magasin de gros (wholesale) installé à Manchester rend les plus grands services, il est devenu une des maisons de commerce les plus considérables du monde, possédant une flottille de bateaux qui vont chercher les produits dans leurs pays d'origine. et fabriquant elle-même les articles nécessaires aux besoins de ses adhérents ; les ventes annuelles dépassent 300 millions.

La Wholesale d'Ecosse fait pour ce pays ce que la première fait pour l'Angleterre et. le pays de Galles. Quand, même, ces deux établissements y trouvent leur avantage, ils n'hésitent pas. au lieu d'agir séparément. à faire leurs achats ensemble malgré le désaccord qui existe entre eux sur certains points : la Wholesale de Manchester en effet, oublieuse des principes de Rochdale, entend que tous les bénéfices aillent au consommateur et ne fait par conséquent participer en rien les ouvriers de ses fabriques aux bonis réalisés, tandis qu'en Ecosse, la participation des employés et ouvriers aux bénéfices est pratiquée largement.

Il y a en Angleterre un autre type de société de consommation qui n'a pour ainsi dire rien de commun avec celui que nous venons d'examiner, il est représenté par un nombre limité de grandes Sociétés installées à Londres et dans quelques grandes villes d'une façon luxueuse. Elles cherchent avant tout à faire triompher la vente au comptant en abaissant le plus possible les prix ou en consentant des rabais considérables à ceux qui achètent l'argent à la main.

En somme l'Angleterre, patrie de la coopération de consommation, l'a mise en pratique de la façon la plus rationnelle et la plus généreuse ; le type de la Société de Rochdale est en quelque sorte un modèle et si les sociétés coopératives y ont pris un développement rapide et produisent des bienfaits considérables, c'est parce que l'ouvrier anglais, plus instruit que le nôtre, a moins besoin du « bourgeois » et qu'il n'a pas repoussé, de parti-pris comme on l'a fait ici, le concours de celui-ci quand il a pu le trouver. Le recrutement de l'état-major indispensable pour la conduite des coopératives, a pu ainsi se faire aisément et rapidement.

ALLEMAGNE. — Si l'Angleterre possède la société la plus considérable du monde quant au chiffre des affaires (l' « Industrial Society de Leeds » atteint 18 millions par an) l'Allemagne a chez elle la Société la plus importante quant au nombre de ses membres. C'est la « Société Coopérative de Breslau » qui distribue jusqu'à 10 o/o du montant de leurs achats à ses 35 000 membres ; du reste, quoique n'atteignant pas le succès prodigieux des coopératives de crédit (12.140 en 1901), les Sociétés de consommation allemandes ont prospéré aussi (1362 en 1898, 1527 en 1901) et toutes consacrent des sommes importantes à l'instruction populaire et à la bienfaisance. Mais les Sociétés allemandes présentent des particularités caractéristiques : à la différence des sociétés anglaises qui vendent au public et n'exigent de leurs membres que le montant des actions souscrites, elles n'admettent que la vente à leurs seuls membres, responsables et solidaires la plupart du temps d'une façon illimitée. De même, à l'inverse de ce qui se fait dans presque tous les autres pays où la vente au comptant est une règle à laquelle on ne déroge guère, les Sociétés allemandes font à leurs membres un crédit égal à la moitié du capital versé par eux.

BELGIQUE. — La coopération en Belgique est accaparée par deux grands partis. Le parti socialiste tient les villes, le parti catholique tient les campagnes ; la coopérative est autant une œuvre de propagande socialiste qu'une œuvre économique. L'histoire du mouvement coopératif en Belgique comprend trois phases : dès 1854 de nombreux essais furent tentés sans résultats appréciables. En 1864, grâce aux efforts de la presse et des membres de l'association internationale des travailleurs, les sociétés de consommation se firent nombreuses, mais furent bientôt dissoutes à la chute de l'Internationale. Dans la période actuelle qui est donc la troisième, l'activité est grande et sérieuse, et les coopératives se sont multipliées depuis 1885 dans une proportion considérable, cette poussée tient à un triple courant d'opinions ou d'idées : elle est due d'abord à la constitution définitive du parti ouvrier socialiste belge qui date du 15 août 1885, ensuite au mouvement mutuelliste qui donna naissance même à des pharmacies populaires spéciales à la Belgique ; enfin à la création d'un grand nombre de coopératives établies par les employés de l'Etat, surtout par le personnel des chemins de fer, postes, etc...

De ce que la coopération a chez nos voisins un caractère socialiste, il résulte que c'est surtout sous la forme de boulangeries qu'elle est devenue populaire : le célèbre « Woorint » de Gand distribue à ses membres jusqu'à 80.000 kilog. de pain par semaine dans ses nombreux magasins ; dans cette Société aucun intérêt ou bénéfice n'est servi au capital, le bénéfice est pour le consommateur, sauf la part importante destinée à la propagation des doctrines socialistes. L'exemple du Woorint enthousiasma les ouvriers de toute la Belgique et des coopératives furent créées à Bruxelles, à Anvers, à Jolimont, à Liège, à Bruges, à Ménin et dans le Borinage, qui toutes ont réussi ; il faut ajouter que la coopération socialiste s'est constituée en fédération qui compte 238 associations dont le chiffre total de ventes s'élève à 38 millions.

ITALIE. — L'Italie a vu se fonder chez elle, à Turin et à Alexandrie, à peu près à la même époque que dans les autres pays, les premiers magasins coopératifs de consommation ; le mouvement s'est propagé, donnant naissance à de nombreuses sociétés aux formes et aux fortunes les plus diverses. Par suite des grands besoins et de la misère des classes ouvrières, c'est le système de la vente au prix le plus réduit qui y prévaut. Cependant la coopération de consommation a eu moins de succès que les autres et n'a pas réussi jusqu'ici à créer une organisation fédérale pour l'achat en gros des marchandises.

SUISSE. — Peu de pays relativement à leur étendue et à leur population renferment autant de sociétés de consommation que la Confédération Suisse ; on en compte au moins 200, c'est-à-dire deux fois autant, toutes proportions gardées. qu'en France, en Angleterre ou en Allemagne. Ces Sociétés sont réparties d'une façon tout à fait inégale ; tandis qu'elle pullulent pour ainsi dire dans les cantons manufacturiers de Zurich, d'Argonie et de Saint-Gall, c'est à peine si l'on en compte dans les grands cantons agricoles de Berne ou Fribourg ou dans les cantons forestiers de Schwitz ou d'Uri. Il nous faut citer la « Société Coopérative Suisse de consommation de Genève », remarquable par l'importance et surtout la progression régulière et continue des bonis distribués Fondée en 1869 par Ed. Pictet. la cheville ouvrière de la Coopération Suisse, elle a distribué d'abord 5, puis 10. puis 11 puis 12 et jusqu'à 13 o/o de dividende.

L'esprit qui règne dans la presque universalité des associations coopératives Suisses est un esprit pratique avant tout, cherchant simplement à rendre la vie plus facile et à constituer une petite épargne à des milliers de familles, sans aucune visée de transformation sociale.

Par suite de la malveillance du Conseil fédéral et des attaques des syndicats de petits commerçants l'idée de se grouper est venue depuis une dizaine d'années aux coopérateurs suisses et ils ont abouti au « Verband Schweizerischer Consumvereine » qui embrasse actuellement 59 sociétés distinctes. Cette union coopérative a fondé à Bâle un magasin de gros « Central Stelle » qui prend un développement rapide et rend les plus grands services aux sociétés pour leurs achats en commun.

ÉTATS-UNIS. — Les Etats-Unis où l'on pourrait s'attendre à voir prospérer la coopération ont éprouvé au contraire un grand nombre d'insuccès provenant de ce que l'on ne s'est pas conformé dans ce pays au modèle donné par Rochdale, qui est un exemple de bon sens, de justice et d'honnêteté. Toutes les entreprises coopératives proviennent d'initiatives individuelles qui rendent bien des services particuliers mais qui, au point de vue général, n'ont pas eu grand résultat par suite du manque d'unité d'organisation et de direction. On doit cependant citer comme tentative heureuse de coopération et de participation aux bénéfices, le village Leclaire fondé depuis douze ans et aujourd'hui florissant et magnifique. Les habitants y ont tous les avantages de la ville, jardin d'enfants, salle de lecture, conférences, jeux, etc..., c'est la « Garden city ».

FRANCE. — Il est difficile de préciser à quelle époque les premières sociétés de consommation de France ont été fondées : de 1848 à 1851 beaucoup de tentatives furent faites qui échouèrent par suite du manque d'esprit pratique ; une société encore existante date cependant de cette époque, c'est la « Coopérative d'Hargicourt ».

A la fin du règne de Napoléon III, la forme d'association coopérative importée d'Angleterre commença à être pratiquée sérieusement. C'est la considération des résultats déjà obtenus qui décida ce mouvement, mais les sociétés fondées à cette époque furent toutefois organisées avec une forme et un but un peu différents de ce qui existait en Angleterre ; nos premières sociétés françaises avaient été séduites uniquement par les avantages immédiats : procurer à leurs membres de sérieuses économies et en même temps des objets de bonne qualité.

Depuis trente ans, les coopératives de consommation se sont peu à peu développées dans tous les ordres de la Société : après les ouvriers sont venus les employés, puis les fonctionnaires, puis les officiers. En 1902 on comptait en France 1689 Coopératives de consommation réparties très inégalement dans les 86 départements ; tandis que la Charente-Inférieure, le Nord, la Saône, la Seine renferment plus de 100 Sociétés, d'autres régions en comptent tout juste une seule. Si nos sociétés de consommation sont assez nombreuses, elles sont bien moins importantes que les Sociétés anglaises ; le nombre de leurs membres est d'environ 500.000 et l'ensemble de leurs ventes ne dépasse pas 20 millions : ce qui manque le plus aux sociétés de consommation en France, c'est l'organisation.

Elles restent trop divisées, sans programme commun, s'ignorant même souvent les unes les autres

Pour remédier à cet inconvénient un groupe de coopérateurs convaincus de Nîmes réunit dès 1885 à Paris un premier congrès des sociétés coopératives de France : le résultat fut que les Sociétés de consommation les plus zélées s'organisèrent à l'instar de celles d'Angleterre, elles se groupèrent en fédération sous le nom d' « Union Coopérative ». Elles ont, depuis, tenu des congrès périodiques dans les grandes villes françaises et ont constitué, pour les représenter d'une façon permanente, un comité central siégeant à Paris ; malheureusement un grand nombre de sociétés soit par indifférence, soit même par hostilité de la part de quelques unes qui sont entre les mains des socialistes, n'ont pas adhéré à cette organisation.

Trois cents sociétés seulement se sont ralliées à ce groupement que les socialistes qualifient de « bourgeois » et dont le programme est celui de Rochdale. En face de cette « Union coopérative » se trouve l' « Union des Sociétés de consommation socialistes » représentée par la Bourse coopérative, elle groupe environ 70 Sociétés, la plupart de Paris, et exige des sociétés affiliées :

1° L'adhésion aux trois articles fondamentaux du programme socialiste, c'est-à-dire : lutte des classes, socialisation des moyens de production, internationalisme ouvrier.

2° Le versement d'un pour cent des bonis pour la propagande socialiste.

Entre ces deux groupements une certaine hostilité régnait depuis longtemps qui a fait place tout récemment non pas à une alliance, mais au moins à des rapports courtois.

Il existe en outre plusieurs Fédérations régionales pour l'achat en gros dont la plus importante est la « Fédération des Sociétés Coopératives de consommation des employés de la Compagnie des Chemins de Fer de

Paris-Lyon-Méditerranée » qui groupe soixante-dix sociétés, il faut citer également une fédération importante
des sociétés socialistes du Nord.

Ce défaut d'action commune a malheureusement em-
pêché d'aboutir des œuvres qui eussent été d'un grand
secours telles que : l'entente précieuse entre les syndicats agricoles et les sociétés coopératives de consommation qu'actuellement on cherche encore à faire aboutir
et la création durable d'un magasin de gros qui fourni-
rait les denrées et les marchandises aux Sociétés dans
des conditions qui deviendraient de plus en plus avanta-
geuses au fur et à mesure que le nombre des Sociétés
adhérentes serait plus grand. Un essai dans ce dernier
sens avait été fait en 1890 par le Comité Central, il
n'a pu réussir à cause de cette mauvaise volonté des
sociétés et a découragé beaucoup de coopérateurs ; toutefois l'expérience va être tentée à nouveau grâce à la col-
laboration du Comité Central et de la Bourse coopérative.

A la différence des Sociétés de Consommation anglaises, la plupart de nos Sociétés font participer leurs employés aux bénéfices.

Il est assez subtil de faire des classifications et des
distinctions parmi les sociétés de consommation, car, à
vrai dire, elles ont toutes la même idée directrice et re-
posent sur des principes semblables, ce n'est donc que
par des applications de détail qu'elles se différencient.
Essayons, en nous plaçant à divers points de vue, d'en
distinguer quelques sortes.

A. — Si l'on considère leur objet, ces sociétés ont surtout trois formes : ce sont des boulangeries, des boucheries ou des magasins contenant ce que vendent les épiciers et souvent en plus des vêtements, des étoffes, des
ustensiles de ménage.

Les boulangeries réussissent particulièrement bien car
c'est un grand avantage que de procurer à meilleur marché le pain qui est la base de l'alimentation humaine et
en particulier des travailleurs. Les boucheries coopératives, malgré la grande utilité qu'elles présentent de
combattre le monopole exercé par les bouchers au détri-
ment de tous, sont peu nombreuses à cause des difficul-

tés accumulées que présente ce commerce. Quant au magasin d'épicerie. c'est la forme type de la coopération, celle qui a été illustrée par les « Pionniers de Rochdale » et qui depuis, s'est propagée dans le monde entier.

Aucun commerce n'est plus facile que celui de l'épicerie, les achats et les ventes s'y font simplement, les marchandises se gardent et se conservent aisément, enfin, l'assortiment, grand ou petit, se renouvelant à volonté, il suffit d'un petit capital pour commencer. Ces facilités expliquent que les magasins d'épicerie, malgré l'étrange contraste qu'ils présentent avec les aspirations idéalistes des coopérateurs. soient le point de départ naturel des entreprises coopératives qui, à mesure qu'elles grandissent et que le personnel se forme aux affaires, y ajoutent des branches nouvelles.

B. — Au point de vue du fonctionnement, une question se pose dès le début de ces diverses sociétés qui les divise nettement en deux groupes. L'association coopérative permettra-t-elle à d'autres que ses membres d'acheter chez elle, et si elle le fait, à quelles conditions ? C'est là l'objet d'une grave controverse et l'on a longuement discuté sur les avantages respectifs de ces deux types de sociétés : les sociétés vendant au public et les sociétés ne vendant pas au public qui. en réalité, correspondent à des situations et à des milieux différents.

Ne pas vendre au public est un des préceptes du catéchisme coopératif et les sociétés qui le mettent en pratique sont les plus nombreuses et pour ainsi dire, les seules vraies coopératives ; en effet, vendre au public, c'est faire le commerce, or la coopération n'a pas pour but de faire le commerce, mais de le supprimer.

Un autre avantage qu'ont les sociétés à ne pas vendre à tous, c'est d'être considérées par le fisc comme sociétés civiles et par conséquent exonérées de la patente (cette dispense n'est cependant pas fatale, et il serait possible, sans méconnaître le caractère civil de ces sociétés, de leur faire supporter une patente, cet impôt ne s'appliquant pas exclusivement au commerce, médecin, avocat, par exemple) et d'autres impôts analogues qui frappent quiconque se livre au commerce c'est-à-dire achète pour revendre avec bénéfice à des tiers, ce que les sociétés de consommation ne font pas malgré l'apparence commerciale résultant du simple fait matériel de l'existence d'une boutique remplie de marchandises, dont leurs ennemis ont tiré argument.

Le fait de ne pas vendre au public est encore la seule façon pour les coopératives de répondre péremptoirement aux attaques violentes et réitérées des détaillants, jaloux des exemptions accordées à celles-ci. De simples particuliers, qu'ils soient cinq ou cinq cents, ont le droit de se réunir pour acheter en commun et se répartir les objets nécessaires à leur consommation, à la condition toutefois qu'ils restent bien réellement entre eux et chez eux.

Il est à remarquer que ce sont principalement les sociétés recrutées dans la classe laborieuse qui appartiennent à ce premier type. Les unes commencent petitement avec peu de membres et peu de capitaux, installent souvent leur magasin dans un local difficilement accessible où les sociétaires font le service eux-mêmes à certaines heures ; elles ne peuvent par conséquent songer à y admettre le public. D'autres fondées uniquement entre ouvriers et employés d'une seule maison industrielle ou d'une même compagnie ne peuvent le faire non plus, leurs membres devant être seuls à profiter des avantages résultant pour eux de leur situation. Ces Sociétés créées sur l'initiative du patron, avec l'assistance des conseils et des fonds de celui-ci, et par suite, certaines de prospérer, sont tout l'opposé des premières qui, conformes à l'idée coopérative, créées dans un milieu tout à fait populaire, avec le seul concours d'éléments et de capitaux ouvriers, cherchent avant tout à s'affranchir du régime patronal.

Enfin dans une Société ouverte à ses seuls membres la question de la répartition des bénéfices est des plus simples. Comme c'est aux seuls adhérents que sont dûs les bénéfices, on les leur répartit en proportion des achats qu'ils ont fait au magasin et indépendamment de l'intérêt, minime d'ailleurs, en règle générale, qui est attribué au capital-actions.

Parmi les Sociétés coopératives de consommation du deuxième type, sociétés vendant à tout le monde, il nous faut distinguer celles qui le font gratuitement, et celles qui acceptent des adhérents moyennant un faible droit d'entrée. Pour les premières il est fort à craindre qu'elles ne se transforment assez vite (des exemples anglais le démontrent formellement) en vastes sociétés ordinaires distribuant à leurs actionnaires d'énormes dividendes, grâce aux profits réalisés sur autrui. Quelquefois cependant, pour attirer et encourager cette clientèle étrangère, la Société lui attribue une part de bénéfices, ce qui entraine alors tout un système de jetons d'une pratique difficile.

Le système de l'admission dans la Société est de beaucoup préférable car il est plus équitable et permet de choisir les nouveaux sociétaires. Venus comme acheteurs, les adhérents, souvent sans qu'ils s'en doutent, demeurent sociétaires d'une manière toute simple : les bénéfices, après paiement des intérêts au capital-actions, étant distribués en proportion des achats de chacun, on ne remet pas aux simples adhérents la part qui leur revient, on se borne à la porter à leur crédit jusqu'à que celui-ci ait atteint le montant d'une action, d'ordinaire peu élevé (25 ou 50 fr.) qui leur est alors remise.

Certains auteurs conseillent donc la vente au public, sous l'une ou l'autre de ces formes, comme un moyen de gagner de nouveaux membres à la Société en faisant connaître son existence.

Il pensent par là avoir raison de l'indifférence, de l'incrédulité, de la raillerie même de la masse des consommateurs, ils espèrent enfin vaincre l'hostilité des femmes, qui est beaucoup plus grande que l'on ne pourrait croire, contre ces magasins où elles ne peuvent discuter sur le prix, ni échanger avec le marchand de vagues propos sur les gens et les choses de leur entourage et dans lesquels le crédit est chose inconnue : Ajoutons qu'à la vérité, aller au magasin coopératif peut être parfois pour la ménagère l'occasion d'un dérangement, s'il est éloigné, et toujours, un changement dans ses habitudes, inconvénients qu'elle trouvera légers lorsqu'elle aura recueilli les premiers fruits de son assiduité et compris les bienfaits du régime coopératif.

Enfin, lorsque la situation change et que la petite société qui se dissimulait dans un humble local voit augmenter le nombre de ses membres, ce peut être un bon calcul pour elle d'ouvrir ses portes au public qui l'aidera plus sûrement à couvrir ses frais généraux peu augmentés d'ailleurs par le paiement de la patente.

C. — Pour toute société coopérative qui se fonde, une nouvelle question se pose, d'où ressort une autre division : faut-il vendre au prix ordinaire du commerce ou au plus bas prix possible ?

Vendre au prix coûtant c'est-à-dire au prix d'achat augmenté d'un tant pour cent destiné à couvrir les frais et les risques, c'est faire bénéficier immédiatement le consommateur de l'économie.

Beaucoup de sociétés se préoccupent uniquement du bon marché et de bonnes raisons militent en faveur de cette opinion : désir de réunir une clientèle par l'appât d'un avantage immédiat et visible, désir de mettre à la portée des classes nécessiteuses le maximum de consommation pour le minimum de prix, mais, en agissant ainsi, la Société s'interdit par là de vendre à des tiers, et de plus, pour éviter un trafic malhonnête, elle doit insérer dans ses statuts des peines sévères pour tout membre qui aurait revendu au dehors des marchandises achetées au magasin social.

Notons enfin que ces sociétés par la concurrence terrible qu'elles font au commerce local en le forçant à baisser ses prix et parfois à vendre à perte provoquent une animosité extrême contre la coopération.

La vente au prix courant, ou comme cela est plus fréquent, légèrement au-dessous du prix ordinaire, nous semble être plus conforme à la saine doctrine coopérative qui n'a pas pour but unique ni principal de fournir la nourriture à bon marché à ceux qui ont faim mais d'assurer une transformation économique et sociale. La Société coopérative de consommation n'est pas et ne peut pas être une société d'assistance pour les différentes œuvres qu'elle se propose de créer, elle a besoin de ressources, elle doit donc vendre à des prix laissant des bénéfices.

La différence entre le prix d'achat et le prix de vente, déduction faite des frais généraux, formera ces bénéfices dont une part ira à la réserve, à la gérance, aux associés, et dont une autre part sera répartie entre les clients proportionnellement à leurs achats constatés par des livrets ; ainsi l'épargne sera réalisée par la dépense, résultat caractéristique des sociétés de consommation. Ajoutons que quelques sociétés se refusent à distribuer ces bonis en argent et offrent pour une somme égale de marchandises à leurs clients ; une preuve récente de la faveur qu'obtient ce système est dans le développement qu'ont pris dans ses dernières années les timbres-rabais qu'offrent certains commerçants à leur clientèle.

D. — De ce que les sociétés coopératives de consommation diffèrent profondément suivant les milieux où elles prennent naissance découle une autre classification ; deux idées peuvent dominer : le groupement peut être ou corporatif c'est-à-dire formé entre personnes exerçant une même profession, ou local c'est-à-dire formé des habitants d'une même ville, d'un même quartier. Suivant que les sociétés procèdent de l'une ou de l'autre de ces idées, les résultats sont autres.

Dans le premier cas, groupement professionnel, tous les consommateurs ont des besoins analogues, des habitudes semblables, ils se connaissent entre eux et peuvent avoir toute confiance dans les administrateurs librement choisis par eux ; la seule difficulté vient ici de la dispersion des adhérents, qui entraîne une augmentation sensible des frais généraux par le peu de facilité de la distribution et de la livraison des commandes. Les sociétés-types de ce genre sont celles créées entre employés d'une Compagnie de chemins de fer.

Pour les sociétés du deuxième groupe, sociétés locales, c'est dans l'impossibilité où elles sont de s'approvisionner de façon à répondre aux besoins divers de toutes les classes de la société, que réside la principale difficulté.

Aussi finissent-elles par n'avoir qu'une clientèle spéciale, ouvrière la plupart du temps Dans ce dernier cas, lorsque la société est une société ouvrière fondée par des travailleurs à l'aide de leurs seules ressources, on se heurte à ce grave inconvénient que les ouvriers, n'ayant point de liens entre eux, ne se connaissent pas ; la société n'a pas immédiatement de clientèle assurée, d'où des débuts souvent pénibles. On a essayé, pour remédier à cela, d'appuyer ces sociétés sur les syndicats ouvriers, mais nous verrons les inconvénients plus graves qui en sont résultés

L'idéal enfin serait un troisième groupe composé des sociétés de consommation fondées par le personnel d'industries importantes et réunissant les avantages des sociétés des deux groupes précédents, étant à la fois corporatives et locales. Bien administrées, elles donnent d'excellents résultats : la plupart du temps elles sont encouragées et conseillées par les patrons ; souvent même, ceux-ci les aident de leurs deniers, mais alors elles perdent une grande partie de leur valeur d'expérimentation au point de vue coopératif.

I. SOCIÉTÉS DE COOPÉRATION PROFESSIONNELLES

La caractéristique de ces sociétés est dans leur grand libéralisme ; tout le monde y entre librement, à charge de remplir les conditions requises et elles ne sont entachées ni des défauts des sociétés à tendances populaires (réglementation étroite, pénalités rigoureuses), ni de la demi-dépendance des sociétés patronales. Aucune préoccupation étrangère à l'idée maîtresse n'y intervient, il ne s'agit que d'achat d'objets au meilleur marché possible, aussi les bonis distribués y atteignent-ils des chiffres souvent fort élevés. Peut-être pourrait-on cependant leur reprocher cette exagération même et souhaiter qu'à l'instar des sociétés anglaises ou allemandes, elles consacrent une partie de leurs bénéfices à des œuvres d'éducation sociale ou de bienfaisance destinées aux membres du groupement.

Parmi ces sociétés coopératives professionnelles nous ne citerons que pour mémoire « l'Association Amicale des Officiers de terre et de mer », dont un essai de succursale à Nancy n'a pas réussi et nous étudierons la *Société de consommation des employés du Chemin de fer de l'Est de Nancy*.

Société de consommation des employés du Chemin de fer de l'Est à Nancy. — Sur tout le réseau de la Compagnie, encouragés par les administrateurs, les employés ont fondé, dans les centres importants des sociétés de consommation qui leur rendent les plus grands services et où les employés de chemin de fer de l'Est, à quelque titre que ce soit, en activité ou en retraite, et leurs veuves, pensionnées ou non remariées, sont seuls admis. Toutes ces associations, sociétés civiles à capital variable, sont absolument indépendantes les unes des autres et administrées exclusivement par leurs comités où les différents services de la Compagnie sont représentés proportionnellement au nombre de sociétaires appartenant à chacun d'eux.

Il serait désirable que, comme l'ont fait les sociétés de la Compagnie P.-L.-M., les sociétés de la Compade l'Est se réunissent en une fédération qui chercherait à centraliser les commandes pour obtenir de meilleures conditions, qui s'efforcerait de mettre les sociétés en relations d'affaires avec des sociétés de production et qui développerait parmi les agents des idées de solidarité et d'assistance.

La Société de consommation de l'Est fonctionne à Nancy depuis le 1er janvier 1870, date de sa fondation par 471 agents de la Compagnie ; reconstituée à plusieurs reprises, en 1880 et 1890, elle exige actuellement des employés qui veulent en faire partie l'engagement :

1° De payer un droit d'entrée de 3 fr qui reste définitivement acquis à la Société et ne sera remboursé en aucun cas ;

2° De participer à la constitution du fonds social en versant une part de 75 fr. en une ou plusieurs fois. Cette part nominative, remboursable en cas de sortie produit intérêt à 3 o/o, dès qu'elle est libérée d'au moins 50 fr.

Le fonds de réserve est ici constitué d'une façon spéciale ; il est formé en retenant chaque année aux sociétaires le quart du dividende leur revenant sur l'exercice précédent, cette retenue porte également intérêt à 3 o/o.

Le côté original de ces sociétés d'employés de l'Est est dans le système de jetons qu'elles ont unanimement adopté ; nous allons essayer d'expliquer comment ce système fonctionne à Nancy.

Au commencement du mois, le sociétaire passe à la Caisse et y prend les jetons qu'il croit nécessaires à sa dépense mensuelle, sans cependant que celle-ci, aux termes de l'article 6 des statuts et sauf autorisation du Comité dans certains cas, puisse excéder une somme égale aux deux tiers de son traitement mensuel.

Cette disposition qui semble d'abord peu libérale est prise toute dans l'intérêt de l'employé ; la société faisant à celui-ci une avance de fonds pour un mois, il est naturel qu'elle fixe une limite à ce crédit et empêche en même temps l'associé de se laisser entraîner.

Le sociétaire s'engage à rembourser chaque mois à la caisse sociale, lorsqu'il touche son traitement, les jetons qui lui ont été délivrés le mois précédent, et cela sous menace de pénalités. S'il ne rembourse en effet pas mensuellement ses jetons, il ne lui est plus accordé aucun crédit et, s'il ne s'est pas acquitté de sa dette dans un délai de deux mois à partir du jour où le Comité l'aura mis en demeure de se libérer, il pourra être pratiqué une saisie-arrêt sur son traitement sans qu'il soit besoin de remplir aucune formalité judiciaire ; en outre il pourra être exclu. Exceptionnellement, sur avis du Comité, le crédit peut être continué à un débiteur dont la situation est digne d'intérêt, ce qui se produit en fait pour un certain nombre d'associés qui ne peuvent rembourser totalement leurs jetons chaque mois. Ces mesures rigoureuses de garantie sont rendues nécessaires par le grand nombre d'associés à qui la Société a consenti des découverts qui se sont élevés au total, à certains moments, jusqu'à 100.000 fr.

Aussi pour pouvoir se rendre compte de la situation d'un sociétaire se sert-on d'un livre appelé : « Livre du Mouvement des jetons » qui permet de voir instantanément où il en est.

Muni de ces jetons dont la forme varie suivant qu'ils valent un sou, un franc ou cinq francs, le sociétaire peut à son choix : ou venir acheter au magasin social, ou acheter dans les magasins de la ville et des environs qui ont obtenu de la Société l'autorisation de prendre ses jetons en paiement. Mais la Société a tenu depuis quelque temps à distinguer pour chaque membre, au prorata des sommes dépensées par lui, la part de bénéfices lui revenant sur les remises des fournisseurs accrédités de celle à lui échue sur le produit des ventes du magasin social car il faut remarquer que l'escompte perçu sur les jetons rapportés par les fournisseurs et remis intégralement aux sociétaires n'est que de 7 o/o tandis que le bénéfice net pour les ventes au magasin a atteint en 1898, 13.73 o/o et en 1899, 14.35 o/o. Comme tous

les paiements se font en jetons, il est facile, connaissant
le nombre de jetons délivrés dans l'année à un sociétaire, de déduire le total de ses achats au magasin pour
trouver la somme dépensée chez les fournisseurs de la
ville.

Cette distinction a été faite afin d'encourager les adhérents à venir acheter au siège social ; il y a tout intérêt
à voir augmenter l'importance de cette vente dont les
avantages vont directement aux sociétaires au double
point de vue de la qualité des denrées et des plus-values
distribuées à la fin de chaque exercice. Malheureusement, d'après le mouvement des opérations des dernières années, les sociétaires ne semblent pas s'être rendu
compte de ces avantages et cela est regrettable en présence du but de l'association.

Quant au contrôle, il est fort difficile, pour ne pas dire
impossible, à organiser chez les fournisseurs du dehors
et cependant, c'est là qu'il serait le plus nécessaire car,
d'après un des derniers comptes rendus ceux des commerçants qui ont trouvé le plus grand avantage à l'état
de choses existant sont ceux non autorisés à accepter les
jetons. Il y a là un abus qu'il n'appartient qu'aux seuls
sociétaires de faire cesser. Le contrôle au magasin social
est fait au contraire avec grand soin : il se pratique (et
c'est le système employé dans presque toutes les grandes
sociétés coopératives) au moyen d'un carnet à souches
dont est pourvu chaque employé, chargé d'inscrire sur
la fiche la nature et la quantité de toutes les marchandises qu'il délivre au sociétaire, il a toujours soin de plus
de noter à côté du numéro d'ordre le numéro matricule
du sociétaire qu'on peut ainsi retrouver en cas de nécessité. Le caissier relève sur la feuille de journée de
caisse le total des marchandises inscrit sur la fiche qu'il
garde et, à la fin de la journée, les fiches sont classées
par ordre afin de s'assurer que toutes sont rentrées. Chaque sociétaire enfin a sur un registre sa page spéciale où
le montant de ses achats est détaillé jour par jour et
totalisé chaque mois, ce qui facilite les calculs pour la
répartition des bénéfices.

Enfin le chef magasinier est chargé du contrôle d'entrée et de sortie des marchandises, il doit de plus s'assurer, lors de leur réception, que la qualité et la quantité sont bien celles choisies et commandées par la Com-

mission spéciale des achats qui (après quelques tâtonne-
ments inévitables pour des gens dont ce n'est nullement
le métier) fonctionne actuellement dans d'excellentes
conditions.

A ces deux sources de bénéfices :

1° Escompte prélevé sur les jetons rapportés par les
fournisseurs.

2° Bénéfices sur le produit de la vente au magasin.

Il faut ajouter : les allocations de la Cie à titre d'encouragement, les produits des ventes d'emballages, liquida-
tions diverses, etc... qui ont atteint jusqu'à 6.000 fr.

La Société est installée dans un vaste immeuble appartenant à la Cie qui, en outre, consent à la coopération des réductions importantes sur le prix de transport
des marchandises et accorde aux sociétaires éloignés de
Nancy le parcours gratuit pour venir s'approvisionner à
la Société, ce qui évite les frais d'envoi.

Dans ces dernières années les économies totales réa-
lisées par la Société se sont élevées à 74.76 et 80.000 fr.

La concession de marchandises à des personnes étran-
gères à la Société est formellement interdite et peut
entraîner l'exclusion du sociétaire qui s'y livrerait.

Les sociétaires s'administrent eux mêmes par délégation directe et temporaire au moyen de :

1° Un comité d'administration composé de dix membres, chargé de la gestion.

2° Une commission de quatre membres chargée du
contrôle financier et comptable.

Ces fonctionnaires sont nommés au scrutin de liste
par l'Assemblée générale pour deux années, ils sont rééligibles. Les commis et employés ainsi que l'agent général doivent faire partie de la Société.

Deux autres sociétés fonctionnent dans le département sur le modèle de la société de Nancy, ce sont *la
Société de Longwy et la Société alimentaire de Lon-
guyon qui* toutes deux sont prospères.

Disons en terminant qu'en présence des résultats
obtenus, on doit souhaiter la création, sur ce modèle
bien compris, de nombrreuses associations coopératives.

II. SOCIÉTÉS DE CONSOMMATION LOCALES

Les sociétés de consommation locales qui groupent les habitants d'une même ville ou d'un même quartier sont en général des sociétés composées uniquement d'éléments ouvriers. Ces sociétés coopératives sont de deux sortes : les unes, que l'on peut appeler sociétés coopératives libres, sont formées en dehors de toute coterie et sans idée de revendications ; les autres au contraire, sociétés coopératives syndicales, sont pour la plupart aux mains des socialistes.

a). Pour ce qui est des premières sociétés coopératives libres, nous ne ferons que mentionner deux d'entre elles qui n'eurent qu'une durée éphémère : la *Fraternelle* créée en 1887 qui ne vécut pas, faute d'adhérents, et l'*Union des Travailleurs*, fondée en 1892, cette société comptait 45 membres et avait un modeste capital de 150 francs ; tout chef de famille était admis à en faire partie moyennant un versement de 0 fr. 50, la société n'avait pas de magasin, elle s'était simplement entendue avec un certain nombre de fournisseurs (bouchers, boulangers, épiciers) qui devaient consentir un rabais déterminé à tout membre de la société qui se présentait personnellement au magasin avec son livret de sociétaire et payait comptant. Cette société ne fonctionna que peu de temps.

Une *Société coopérative civile*, à capital et à personnel variable a été fondée à *Maxéville* en 1898 ; elle a pour but « l'achat des blés et farines et la fabrication du pain dans les meilleures conditions possibles d'économie, elle se propose également la vente exclusive de ce pain et de cette farine à ses Sociétaires ».

Le capital social est fixé à un maximum de 5.000 francs et en souscrivant leur part de 50 francs, les sociétaires doivent faire la déclaration préalable et sincère de leur consommation moyenne de pain pendant un mois. Quoique l'accès de cette société soit absolument libre, on y trouve, comme dans les autres sociétés ouvrières, des règles étroites et des pénalités sévères quoique puériles. Un heureux résultat a été déjà d'amener tous les boulangers de la commune à baisser de o fr. o5 le prix du kilogramme de pain et la Société est, somme toute, en bonne voie ; les bénéfices de chaque trimestre doivent être après déduction des frais, ainsi répartis :

5o o/o mis au fonds de réserve jusqu'à ce qu'il ait atteint le quart du capital.

5o o/o à distribuer entre les sociétaires pour la réduction du prix du pain.

Une autre société de consommation locale enfin, *La Ruche Nancéienne* a été fondée à Nancy en 1900 par plusieurs coopérateurs, anciens membres de « l'Union des Syndicats » las de ce qu'ils ont appelé la « tyrannie syndicale et fédérale », non pas dans un esprit de concurrence, mais pour essayer de faire profiter tous les ouvriers des avantages coopératifs, réservés jusqu'ici à Nancy aux seuls syndiqués. L'intention de cette société ouverte à toutes les bonnes volontés est « de fournir à ses membres le plus économiquement possible les marchandises de première nécessité ».

Les statuts sont inspirés de ceux de « l'Union syndicale » modifiés dans ce qu'ils avaient de peu libéral

Le capital social est fixé à 5,000 francs divisé en cent parts de 5o francs, produisant intérêts à 4 o/o; la responsabilité de chaque membre est limitée au montant de la souscription de son action.

La Société est administrée par un conseil de onze membres élus pour trois ans ; on ne peut à ce sujet qu'approuver cette association de ne pas avoir suivi les errements de la plupart des sociétés ouvrières qui remplacent chaque année leurs administrateurs alors qu'ils commencent à connaître le fonctionnement de la société : de plus ce renouvellement triennal a l'avantage de couper court aux intrigues et compétitions de toutes sortes.

Le Conseil de surveillance composé de cinq membres est élu dans les mêmes conditions que le Conseil d'administration. Sur les économies nettes de fin d'année il est alloué : 4 parts au Conseil d'administration et 2 parts au Conseil de surveillance, faible rémunération qu'il n'est que juste d'accorder à ces ouvriers qui prennent sur leur repos pour se consacrer au bien-être de tous ; 8o parts des bénéfices doivent être réparties aux consommateurs au prorata de leurs achats ; 10 parts au fonds de réserve, et 2 parts aux employés suivant le temps passé au service de la Société.

Devant les résultats obtenus par la « Ruche Nancéienne » il est à espérer que l'on verra se fonder sur ce modèle d'autres sociétés dans les différents quartiers de la ville.

b). Pendant longtemps nombre d'ouvriers appartenant au parti socialiste militant, aujourd'hui coopérateurs convaincus, ne voulaient à aucun prix entendre parler de la coopération « expédient économique », comme disait Kropotkine.

L'exemple des socialistes belges ouvrit les yeux des ouvriers français qui comprirent qu'au lieu d'être un but, les sociétés coopératives pouvaient être un moyen puissant d'arriver à un autre résultat : ils se mirent résoment à l'œuvre et aujourd'hui de nombreuses sociétés sont dirigées par les socialistes ; pour eux ces sociétés sont un puissant moyen de propagande et un moyen de défense.

Le parti ouvrier de l'Est a mis près de dix ans à sentir qu'il est nécessaire pour lui que les sociétés ouvrières de consommation soient absolument syndicales, c'est-à-dire que, pour être membre coopérateur, il faut être syndiqué ; ces sociétés devant servir de recrutement pour les syndicats il est indispensable aux yeux des socialistes qu'elles restent accessibles aux seuls syndiqués. Le système consiste donc, en une alliance étroite des syndicats ouvriers et des sociétés coopératives ; attirés par les avantages que la coopérative offre à ses adhérents les ouvriers viendront plus nombreux se ranger sous la bannière de leurs syndicats respectifs et même pourront en créer de nouveaux.

De plus, en cas de grève, la Société coopérative peut être d'un grand secours par le crédit qu'elle accorde à ses membres et quelquefois même par les fonds que leur procure une caisse spéciale dite de grève, alimentée par les bénéfices de la Société : enfin la propagande syndicale par la presse, l'opuscule où la conférence peut être facilitée par les subventions de la coopérative. Constatons que dans le département les sociétés syndicales l'emportent de beaucoup en importance sur les sociétés locales libres.

Vers la fin de 1887 les membres de la chambre syndicale des ouvriers métallurgistes de Nancy, au nombre de 50, créèrent une société coopérative de consommation appelée « l'*Avenir de la Métallurgie* », accessible aux seuls ouvriers métallurgistes syndiqués : la communauté du syndicat et de la Société de consommation était complète, le capital de cette dernière étant formé des cotisations mensuelles des membres du syndicat, des bénéfices réalisés et des fonds du syndicat.

Voici les caractéristiques de cette Société :

Création d'une « caisse de réserve » avec compte spécial à chaque sociétaire, formé en prélevant 10 o/o sur les bénéfices nets annuels de celui-ci jusqu'à ce que la somme ait atteint un maximum de 3o fr. que le sociétaire était du reste libre de compléter lui-même immédiatement. Cette caisse était destinée à servir de cautionnement au titulaire de chaque compte, et dans la mesure de l'importance de celui-ci, pour la vente à crédit en cas de maladie ou de chômage.

Tout membre qui, pendant le délai d'un mois, n'a effectué aucun achat sans prévenir et sans s'excuser valablement est déchu de tous ses droits au remboursement et aux bénéfices : cette disposition quoique rigoureuse dut contribuer pour beaucoup au succès de l'entreprise et il serait désirable de la voir adopter par certaines sociétés qui périclitent par suite de la négligence et de l'indifférence de leurs membres

La répartition des bénéfices se faisait de la façon suivante :

20 o/o des bénéfices étaient affectés à la Caisse de secours,

20 o/o également à la Caisse des retraites.
(L'établissement de caisses de retraites a été abandonné dans les nouvelles sociétés coopératives parce que l'on a reconnu qu'il était préférable d'en faire l'objet d'une association spéciale au lieu de disséminer ainsi les bénéfices pour arriver au bout d'un temps souvent considérable à ne pouvoir accorder aux sociétaires que des pensions dérisoires).

20 o/o distribués à la chambre syndicale pour augmenter son capital et arriver à la formation d'une société de production.

40 o/o enfin (proportion relativement faible) aux consommateurs, au prorata de leurs achats.

Cette Société était en bonne voie lorsque se produisit la transformation dont nous allons parler.

En présence des résultats obtenus, la Chambre syndicale des ouvriers métallurgistes décida de reconstituer la Société sur une base plus large « afin d'en permettre l'accès, à tous les ouvriers soucieux de défendre leurs intérêts et de faciliter aux syndiqués le placement avantageux de leurs capitaux ».

Union des Syndicats. — Un premier projet d'une société au capital de 100.000 fr. divisé en 2 000 actions de 50 fr. fut abandonné et l'on décida de former entre les syndicats ouvriers et leurs adhérents une société coopérative civile de consommation au capital initial de 25.000 fr. appelée « *Union des Syndicats* » la Société fut établie rue Clodion n° 6 à Nancy.

Ce qui favorisa l'existence de cette Société, ce fut l'existence à côté d'elle de la Fédération des Syndicats ouvriers de Meurthe-et-Moselle réalisant l'union de ceux-ci sur le terrain ouvrier. Cette association a pour but principal « de faire l'accord entre les différentes organisations syndicales sur toutes les questions qui peuvent améliorer le sort des travailleurs, de donner à ces questions une impulsion continue et de faire le plus possible de propagande. »

Quant à la Société de consommation, elle réalise l'union des syndicats sur le terrain de la coopération, ayant été créée il faut le remarquer, pour avantager les seuls syndiqués, l'article 2 des statuts dit du reste en propres termes : « tout sociétaire qui cessera de faire partie d'un syndicat sera rayé immédiatement de la société de consommation. »

Le préambule de ces mêmes statuts indique bien le caractère collectiviste de cette institution quand il dit : « Le but de la Société est de donner aux ouvriers syndiqués le moyen de vivre à meilleur compte, de leur permettre de se grouper et d'arriver à une entente générale sur les moyens à employer pour obtenir leur émancipation matérielle et morale. Dans ce but, on devra employer autant que possible les fonds disponibles à organiser des sociétés de production qui pourront alimenter les magasins de la Société. Les Sociétés de production seront organisées surtout pour remédier au chômage qui menace les ouvriers en général et pour leur permettre de conquérir le capital et les instruments de travail »

Passons maintenant à l'examen de l'organisation et du fonctionnement de cette société.

Comment tout d'abord devra s'y prendre un ouvrier syndiqué qui désire faire partie de l' « Union des Syndicats ? »

Muni de son livret de syndiqué il se présente à la caisse en demandant à être inscrit comme membre de ladite société.

On lui remet alors deux livrets sur lesquels seront portés tous les achats qu'il fera au magasin social : sur l'un, qui constitue le titre de propriété de l'ouvrier, on marquera le total de l'achat et sa date ; sur l'autre, on inscrira le détail de toutes les marchandises débitées.

Il reste à l'ouvrier à verser 1 fr., première mise qui sera la base de l'action de 5o fr. qu'il souscrit.

Les obligations imposées par la Société pour l'affiliation de ses membres ne sont ni compliquées, ni onéreuses et permettent à beaucoup de profiter tout de suite des nombreux avantages dont bénéficient les associés. Une ingénieuse combinaison, en usage dans la plupart des sociétés coopératives, permet aux membres de l' « Union des Syndicats » de s'acquitter insensiblement de leur dette : l'action souscrite se complète d'elle-même par l'accumulation des dividendes qui reviennent à l'ouvrier à la fin de chaque exercice ; ces dividendes sont portées à son avoir jusqu'à concurrence de 5o fr., le surplus est versé entre les mains du travailleur, à moins qu'il ne désire posséder les deux actions auxquelles tout sociétaire a droit. Toutes facilités sont laissées naturellement pour compléter l'action, soit par petits acomptes mensuels, soit par le versement total de la somme en une seule fois, mais la combinaison ci dessus était rendue nécessaire par la nature de la clientèle qui compose ordinairement les coopératives ouvrières. Dès que le versement atteint le dixième de l'action (5 fr.) l'ouvrier devient actionnaire de simple adhérent qu'il était auparavant.

Lorsque l'ouvrier chôme, alors qu'il n'a pas les moyens d'acheter au comptant, comme l'exige le règlement de la société, il doit adresser au Conseil d'Administration une demande de crédit ; celui-ci peut alors lui allouer un crédit égal aux 3/4 de son avoir, c'est-à-dire pour le possesseur d'une action libérée, un crédit de 37 fr. 5o qui lui seront retenus à la fin de l'exercice sur les dividendes qu'il aurait à toucher, jusqu'à ce que l'action soit de nouveau complète ; au cas de maladie, le crédit peut égaler la totalité des versements.

Enfin, et c'est là une grave erreur, chaque syndicat peut en tout temps faire participer ses membres aux mêmes avantages en offrant sa garantie : cette disposition va ainsi à l'encontre du but des coopératives où l'on doit s'efforcer d'exiger de tous l'ordre, la prévoyance et l'économie.

Une caisse de secours alimentée par les produits de fêtes que donne chaque année la Société et qui, par conséquent, ne grève en rien le budget social, fonctionne au profit de tous les membres : tout coopérateur malade a droit à un secours de 10 fr. à prendre exclusivement en marchandises au bout de dix jours ; si la maladie se prolonge. après trois semaines ou un mois, un deuxième secours équivalent lui est alloué. Enfin en cas de décès d'un associé sa veuve a le droit, indépendamment des secours de maladie obtenus antérieurement, de prendre gratuitement pour 15 fr. de marchandises.

La formation d'une caisse de grève au moyen du fonds de réserve proposée lors de la discussion des nouveaux statuts n'a pas abouti.

Il est intéressant d'étudier le rôle que jouent les syndicats dans cette Société car il est d'une grande importance.

Le nombre d'actions que chaque chambre syndicale peut posséder est fixé à un maximum de quarante, de plus il est laissé à ces chambres la faculté d'alimenter la caisse selon les besoins de la Société, l'intérêt servi étant toujours de 4 o/o. Mais, alors que les sociétaires ne peuvent exiger le remboursement du montant de leurs parts qu'un an après leur départ de la Société, les Syndicats seront remboursés trois mois après leur demande, en cas de formation d'une société de production.

L' « Union des Syndicats » a à sa tête un conseil d'administration et un conseil de surveillance : le premier représente la société dans le sens le plus large et a la direction de toutes les affaires sociales avec les pouvoirs les plus étendus.

Il est composé de tous les délégués des syndicats nommés à raison de deux membres par chambre, tous rééligibles, ils sont élus pour 18 mois par l'assemblée générale ; tous les six mois, il est procédé au renouvellement par tiers.

Il y a là, à notre avis, un grave défaut d'organisation: en effet, selon les principes admis en matière syndicale, un délégué désigné par son syndicat doit soutenir avant tout, dans tout et pour tout, les intérêts de son syndicat dont il n'est que le mandataire ; celui qui ne se conforme pas à cette règle doit être immédiatement remplacé. Appliquées à une société coopérative, ces idées ne peuvent être que d'un effet désastreux ; les délégués, alors que l'intérêt général de la société devrait seul les guider, ne s'inspirent plus que des intérêts particuliers de leurs syndicats dont ils ont reçu un mandat impératif. Dans ces conditions la liberté d'initiative et l'autorité que peut avoir par exemple le président du conseil d'administration sont purement illusoires puisqu'il suffit qu'un de ses actes déplaise à son syndicat pour qu'il soit immédiatement révoqué et remplacé.

L'assemblée générale souveraine, représentant l'universalité des sociétaires ne peut elle-même élire comme membres du conseil que les délégués des syndicats ; c'est la main-mise complète des chambres syndicales sur la société de consommation.

Il faut encore signaler un autre inconvénient né de la crainte qui domine presque toujours les membres des sociétés ouvrières de voir un des leurs y prendre une place prépondérante, quand même ce serait pour le plus grand bien de tous. La durée des fonctions attribuées aux membres rééligibles du bureau n'est à l' « Union des Syndicats » que de six mois, de plus, ceux-ci sont toujours révocables par le Conseil de sorte que le président et ses collègues ont à peine le temps de se mettre au courant de leurs multiples fonctions car, ici, ils doivent gérer et administrer eux-mêmes la Société.

Leur service n'est pas, comme dans certaines associations qui possèdent un agent général chargé de toute la partie commerciale, un simple service de contrôle et de surveillance ; répartis en diverses commissions, ils s'occupent seuls de tout ce qui concerne le fonctionnement de la Société.

Dans ces conditions, il eût été de beaucoup préférable de prolonger la durée des fonctions des administrateurs et de leur permettre ainsi d'acquérir une expérience suffisante pour diriger la Société au mieux de ses intérêts.

Malgré ces défauts, la Société, qui ne vend qu'à ses membres sur présentation de leurs livrets et au meilleur marché possible, donne des résultats satisfaisants.

Sur les économies nettes divisées en 100 parts il en est attribué 75 à la consommation, une retenue de 12 parts est effectuée pour fournir le fonds de réserve indivisible et non remboursable, ce prélèvement doit se faire pendant toute la durée de la Société et constituer un « capital de provision ».

Les autres parts sont par groupes de 2, 3 et 4 attribuées aux employés et aux membres des conseils ou affectées à l'amortissement du matériel

La Société offre à ses sociétaires les articles les plus divers, épicerie, mercerie, chaussures, vêtements qu'elle achète directement aux producteurs ; elle comprend même une boulangerie qui, après des débuts un peu difficiles en raison de l'inexpérience de ses fondateurs, fonctionne à la satisfaction générale ; le pain y est vendu au juste prix de revient.

Ce mode de vente a été vivement combattu par plusieurs membres de la Société qui prétendaient qu'en entrant ainsi en lutte directe avec le commerce local, la boulangerie coopérative nuisait à tous les travailleurs qui, lorsque la maladie ou le chômage arriveront, ne pourront plus trouver chez les fournisseurs de la ville le crédit dont ils auront besoin pour vivre.

De plus, en présence des bénéfices minimes que cette façon d'opérer doit laisser à la Société, il semble qu'elle va à l'encontre d'un des buts supérieurs des institutions de ce genre qui est de favoriser la constitution automatique de l'épargne.

L' « Union des Syndicats » a répondu à ces objections en décidant la formation d'une caisse de secours donnant le pain gratuitement aux coopérateurs malades, mais elle s'est refusée absolument à entrer dans la voie du crédit qu'elle doit s'efforcer de combattre partout.

Quant à l'autre reproche, la Société croit poursuivre son but véritable en vendant le meilleur marché possible et en n'attribuant à la répartition des dividendes qu'une importance secondaire ; elle désire même voir les bonis versés à des œuvres humanitaires créées au profit des coopérateurs, l'appât du gain faisant trop souvent dégénérer les coopératives en maisons de commerce.

La question de la durée de la journée de travail pour les employés qui, ici comme dans presque toutes les sociétés, participent spécialement aux bénéfices et doivent être sociétaires, a fait l'objet d'une discussion lors d'une assemblée et il a été décidé que les employés ne travailleraient que onze heures par jour.

Société coopérative des mineurs de Meurthe-et-Moselle. — À l'exemple des syndicats de Nancy, le Syndicat des mineurs de Meurthe-et-Moselle a créé, à la fin de 1898, une société coopérative de consommation possédant une caisse dite « de résistance » se montant à 4 185 fr. ; il a prêté 2.000 fr. à la Société de consommation pour lui permettre de se constituer.

La Société coopérative des mineurs de Meurthe-et-Moselle au capital de 10 000 fr. est établie sur le modèle de l' « Union des Syndicats », elle n'a pas donné de résultats bien appréciables, ses adhérents étant trop disséminés ; son siège social est à *Chavigny*. En 1.900, une succursale a été établie à *Bouxières-aux-Dames*, qui vient de fermer son magasin le 30 novembre dernier par suite du manque d'adhérents et de fonds, du grand nombre de remboursements effectués, du manque d'unité de vue et de direction dans l'administration, enfin du désaccord qui régnait entre tous.

En somme toutes ces sociétés coopératives syndicales, négligeant complètement le côté moral de leur œuvre, ont un but collectiviste non dissimulé et cependant nous pourrions conclure avec Bebel que « les classes ouvrières ont avantage à la coopération en ce qu'elle habitue les ouvriers à l'administration de leurs affaires et améliore leur situation, mais qu'il ne faut pas lui attribuer une importance extraordinaire pour arriver à affranchir ces mêmes classes des liens du salaire ».

III. SOCIÉTÉS DE CONSOMMATION MIXTES

En comparant les différentes sociétés que nous venons de passer en revue aux sociétés appartenant à ce troisième groupe, nous voyons apparaître des différences notables.

Au lieu de magasins modestes, ces sociétés ont souvent des locaux bien aménagés où les marchandises sont offertes au public dans un étalage savant ; ne se contentant pas de servir leurs membres, elles vendent à tout venant, et les consommateurs attirés par la bonne qualité, le bon marché des denrées et parfois aussi par la perspective d'un boni à la fin de l'année, viennent en grand nombre acheter à la société coopérative que combattent avec acharnement les petits commerçants.

Toutes les coopératives fonctionnant de cette façon ont été établies en Meurthe-et-Moselle auprès des grandes usines, à l'incitation de patrons qui, tout en cherchant à améliorer la situation matérielle de leurs ouvriers, tiennent à leur laisser la direction complète de l'institution.

Les premiers dans la région, les administrateurs des grandes cristalleries de Baccarat érigèrent, il y a une vingtaine d'années, une de ces sociétés de consommation destinée à leurs ouvriers ; au bout de quelque temps, ils durent y renoncer à cause des difficultés qui en résultaient dans leurs rapports avec les ouvriers, les détaillants du lieu ayant réussi à rendre ceux-ci ennemis d'une œuvre fondée dans leur seul intérêt et à la gestion de laquelle ils avaient part.

Actuellement, sept sociétés, fonctionnant toutes dans d'excellentes conditions, sont réparties dans le département ; ce sont, par ordre de création, les sociétés anonymes coopératives de consommation suivantes :

En 1886 l'*Épargne* de Longwy-Bas destinée spécialement aux employés et ouvriers des sociétés Huart frères, de Saintignon et Cie, et de la Société métallurgique de Senelle-Maubeuge.

En 1888 la *Société de Jarville* pour le personnel des forges et aciéries du Nord et de l'Est et celui des deux manufactures Hoffmann et Cie et Kuhn et Fleichel.

En 1890 la *Lorraine* société des ouvriers et employés de la Société Solvay et Cie, à Dombasle-sur-Meurthe.

En 1891 la *Société des Ouvriers et Employés de la Société Guerner et Bailly à Croismare.*

En 1893 la *Société du Personnel de la Faïencerie Keller et Guérin à Lunéville.*

En 1893 la *Fraternelle* destinée aux ouvriers et employés des usines Fenal à Pexonne.

En 1899 la *Serpenoise* pour les ouvriers des usines Gouvy et Cie à Dieulouard.

Toutes ces sociétés sont à capital et à personnel variables et constituées par conséquent suivant les règles spéciales de la loi de 1867.

Leurs actions d'une valeur minimum de 50 fr., nominatives et indivisibles, même après leur entière libération, doivent être extraites d'un livre à souches et numérotées ; la négociation de celles-ci, après la constitution définitive de la société, ne peut avoir lieu que par voie de transfert sur les registres de la Société, mais le Conseil d'Administration aura, en tout temps et en tout état de cause, le droit absolu de s'opposer au transfert, si bon lui semble, sans être obligé de motiver son opposition ; il devra dans ce cas, à défaut d'un autre preneur, acheter au nom de la société les actions offertes. L'achat et la vente de ces actions se font d'après la valeur attribuée à ces titres, valeur qui est fixée à la fin de chaque semestre en tenant compte de l'état des magasins et de l'importance des réserves. Ces sociétés sont administrées par des conseils nommés en assemblée générale, mais le nombre et la durée des fonctions des membres varient d'une société à l'autre :

« L'Epargne » a un conseil composé de six membres au moins, 12 au plus, nommés pour une période de six années, il est renouvelé annuellement par sixième et par voie de tirage au sort jusqu'à épuisement.

La Société de Jarville a un conseil de 6 membres nommé pour 3 ans renouvelable en entier.

A la « Lorraine » le conseil comprend 10 membres élus pour 4 ans, il est renouvelable chaque année par quart.

Le Conseil de la « Société de Croismare » est de 8 membres élus pour un an, le renouvellement se fait par quart tout les trimestres.

Enfin, à Lunéville, le Conseil composé de 16 membres au moins et de 25 au plus est nommé pour deux ans et renouvelé chaque semestre par quart.

Tous ces administrateurs sont rééligibles, et, conformément à la loi, doivent posséder pendant toute la durée de leurs fonctions au moins une actions libérée de tous les versements appelés ; celle-ci frappée d'un timbre indiquant son inaliénabilité est déposée dans la Caisse sociale.

On le voit, ces sociétés cherchent à conserver le plus longtemps possible leurs administrateurs et à profiter ainsi de l'expérience qu'ils ont acquise.

A côté du Conseil d'aministration investi des pouvoirs les plus étendus pour la gestion des affaires de la Société et sa représentation en justice comme vis-à-vis des tiers on trouve, dans ces sortes de coopératives, un agent général ou employé principal, pris en dehors du conseil mais qui assiste aux séances avec voix consultative. Indépendamment d'un traitement fixe, il lui est alloué ordinairement 3 ou 4 o/o sur les bénéfices nets réalisés : ses fonctions sont plus ou moins étendues suivant les sociétés mais, d'une manière générale, il est chargé de l'exécution des délibérations du Conseil et de la gestion des affaires sociales, spécialement en ce qui concerne la vente et l'achat des marchandises. Tous les actes journaliers et la correspondance courante sont exécutés et signés par l'agent général qui s'occupe également du recouvrement des sommes dues à la Société et signe les quittances. La possession d'un intelligent et honnête agent général est une des conditions essentielles du succès de ces coopératives.

Ici aussi la vente au comptant est de règle.

Malheureusement, en fait, on n'y vend guère qu'à crédit, négligeant ainsi un des plus grands buts du système coopératif. D'abord tous les membres associés peuvent obtenir du crédit jusqu'à concurrence de la moitié de la valeur de leurs actions, dans certains cas particuliers, ce crédit peut être porté au montant total des actions qui, alors, doivent être déposées dans la caisse de la Société. Quant aux membres simplement coopérateurs, il leur est fait crédit jusqu'à la limite des sommes dont les directeurs des usines qui les emploient veulent bien garantir la retenue sur les feuilles de salaire. Ce crédit qui, dans quelques sociétés, se réduit au salaire d'une semaine ou d'une quinzaine, dans d'autres, va quelquefois jusqu'à celui d'un mois entier de sorte que, quand l'ouvrier se présente à la caisse, il ne touche qu'une somme dérisoire, tout le reste étant dû à la Société de consommation où la ménagère tentée et ne pouvant se rendre facilement compte a fait des achats excessifs.

Ce système de retenue à l'Usine se retrouve dans toutes les coopératives patronales de notre région, elles estiment en effet que l'ouvrier, membre de la Société, a bien le droit de lui faire délégation de son plein gré sur son salaire et que, si, comme un récent projet de loi le propose, cette faculté était enlevée à l'ouvrier, ce serait lui qui en pâtirait et dont la situation deviendrait plus malheureuse.

Quoique ce crédit ne soit pas aussi funeste que celui consenti par les commerçants, il nous semble qu'il est peu à sa place dans une société véritablement coopérative où l'on doit s'efforcer d'habituer l'ouvrier à équilibrer son budget et non pas faciliter le gaspillage et l'incurie.

Enfin on peut aussi reprocher à ces associations de rechercher exclusivement la distribution de dividendes sans chercher à élever le niveau moral et intellectuel de leurs membres.

Après ces quelques explications générales, voyons l'organisation et le fonctionnement de chaque société ainsi que les dispositions qui peuvent leur être particulières.

a).

L'ÉPARGNE DE LONGWY-BAS

est en même temps la plus ancienne et une des plus importante sociétés de la région.

Le capital social fixé primitivement à 25.000 francs a atteint 45,000 francs, il ne peut être réduit au-dessous de 10.000 francs et nul ne peut être propriétaire de plus de cinq actions. La Société possède un vaste immeuble où elle a installé dans d'excellentes conditions un magasin d'épicerie, une boucherie-charcuterie et une boulangerie où elle débite des marchandises à tout acheteur.

Les actionnaires seuls participent aux bénéfices. Outre l'intérêt des actions à 5 o/o du taux d'émission, les actionnaires ont droit à 10 o/o des bénéfices à titre de dividendes sans que l'intérêt total puisse excéder 8 o/o du capital versé et si leurs achats annuels au magasin s'élèvent au moins au montant de leurs actions ; 80 o/o enfin sont attribués à ceux des actionnaires dont les achats ont atteint 10 francs par mois en moyenne et proportionnellement à l'importance de ceux ci.

Ajoutons que la Société est en progrès constant depuis sa fondation.

b). Le fonds social de la

SOCIÉTÉ DE CONSOMMATION DE JARVILLE

est composé de 200 actions de 50 francs réparties exclusivement entre les ouvriers des différentes usines affiliées à la Société et, autant que possible, proportionnellement à l'importance des achats faits par chaque personnel dans les magasins de la coopérative ; on ne peut posséder plus de deux actions.

A côté des actionnaires la Société de Jarville considère comme coopérateurs, du jour où ils se servent au magasin social et de façon à les faire participer aux bénéfices, tous les employés et ouvriers des Forges et Aciéries et des deux manufactures de Jarville. Cette participation ne peut en aucun cas s'étendre au public admis à s'approvisionner au magasin social.

La Société qui a établi une succursale à Ludres distribue un chiffre très élevé de marchandises (800,000 fr.) eu égard à son faible capital : elle n'a pu parvenir à ce résultat que grâce à la caisse de la Société des Forges et Aciéries du Nord et de l'Est avec laquelle la Société coopérative est en compte courant : tous les paiements sont effectués par les soins du caissier de la Forge.

En dehors des prélèvements légaux et de ceux ordinaires à ces sociétés (conseil d'administration, employés), le surplus des bénéfices nets est réparti comme il suit :

15 o/o pour constituer une réserve extraordinaire destinée spécialement à l'achat ou à la construction d'un ou plusieurs immeubles à Jarville où la Société possède déjà un immeuble.

8 o/o à tous les associés actionnaires.

65 o/o à tous les associés consommateurs dont les achats auront atteint le chiffre minimum de 50 francs par semestre, proportionnellement à l'importance de ces achats

2 o/o enfin sont prélevés pour constituer un fonds de secours destiné à venir en aide aux actionnaires et aux coopérateurs malades ou infirmes et à leur famille ; conformément aux décisions du conseil d'administration. les secours sont toujours donnés en marchandises.

Comme règle spéciale, il faut signaler l'établissement d'un maximum de liquide accordé par jour à chaque ouvrier ainsi que la limitation de la vente de l'alcool.

c).

LA SOCIÉTÉ DE CONSOMMATION DES USINES

SOLVAY ET Cie

est particulièrement intéressante, d'abord en raison de son importance, puis parce qu'elle a semblé avoir cherché à remédier dans la mesure du possible à quelques-uns des défauts de ces sortes de sociétés.

Par son origine, la *Lorraine* de Dombasle diffère des autres sociétés : ce sont des ouvriers, qui ayant habité précédemment des centres où ils avaient vu fonctionner des coopératives et connaissant les bienfaits de la solidarité, eurent le désir, en présence de la cherté des vivres et des difficultés de la vie à Dombasle où les petits commerçants n'avaient à redouter aucune concurrence, de créer une société de consommation. Elle fut fondée au capital de 20,000 francs divisé en 400 actions de 50 francs et l'installation du commerce d'épicerie se fit dans un modeste magasin de la localité.

Au début, les actions n'étaient pas au taux invariable de 50 fr., mais leur valeur variait suivant l'état des réserves. La crainte de les voir arriver à un prix auquel la classe ouvrière ne pourrait plus en acquérir facilement préoccupait à juste titre le conseil d'administration qui estimait en effet que dans une société où tous les membres doivent avoir les mêmes droits, il est à désirer que chacun puisse arriver, quelles que soient ses ressources, à avoir le droit d'assister aux assemblées générales et à s'enquérir de la marche de la société dont il fait partie. C'est là une préoccupation qui est restée étrangère aux autres sociétés du département dont les actions peu nombreuses sont arrivées à un taux trop élevé pour que le coopérateur chargé de famille puisse espérer jamais devenir actionnaire.

Pour modifier cette situation, le conseil d'administration de la « Lorraine » proposa en 1893 de répartir les

réserves de la Société se montant à 20,000 fr. entre tous
les actionnaires, en remettant à ceux-ci une action nouvelle pour une ancienne. La proposition fut adoptée par
l'assemblée générale qui, l'année suivante, le 12 août
1894, trouvant, malgré le dédoublement des actions, le
fonds de roulement par trop restreint, décida de porter
à 100,000 fr. le capital de la Société par la création de
1,200 actions nouvelles. Il fut décidé en outre qu'aucun
actionnaire ne pourrait devenir propriétaire de plus de
10 actions et que tous les coopérateurs non titulaires de
deux actions subiraient une retenue de 30 o/o sur leurs
bonis jusqu'à ce que cette retenue ait atteint la valeur de
deux actions.

Pendant cette même période le magasin primitif était
devenu trop petit et l'on avait dû se préoccuper de
trouver une autre installation : grâce à la libéralité de
MM. Solvay et Cie qui accordèrent à la Société une
avance de 100,000 fr. avec intérêt au taux des avances
de la Banque de France on put édifier les constructions
projetées et en 1894, le magasin central coopératif fut
inauguré. Ce magasin vaste et confortable contient, outre
les rayons d'alimentation, une douzaine d'autres rayons
comprenant les objets de toute nature qui peuvent être
nécessaires dans un ménage : comme l'employé principal
ne saurait connaître à fond tous les articles et qu'il ne
pourrait suivre lui-même toutes les questions qui s'y
rattachent, le conseil d'administration s'est divisé en diverses commissions ayant chacune ses attributions. Le
Président du Conseil est membre de droit de toutes les
commissions et imprime ainsi à la Société une direction
unique.

A ce magasin central la « Lorraine » a ajouté deux
annexes : tout d'abord une boulangerie qui, pendant les
trois premières années ne donna pas les résultats espérés,
la clientèle habituée au pain fourni par les boulangers
de la localité avait de la prévention contre le pain pétri
mécaniquement et contre le système de cuisson adopté
par la Société ; le Conseil d'administration décida de
changer le mode de confection du pain et depuis lors, la
nombreuse clientèle de la boulangerie est satisfaite : si
la vente ne progresse plus guère actuellement, c'est
qu'elle semble avoir atteint la limite extrême que le
chiffre de la population ne lui permet pas de dépasser.

L'installation actuelle permet de fabriquer 3000 k. de pain par jour et le service journalier est assuré par un chef boulanger, trois garçons et cinq porteuses, plus la vente au magasin. La Société qui vend son pain à un prix constamment inférieur à o fr. o5 par 2 k. à celui des boulangeries ordinaires, a pour principe de peser le pain afin que, de cette façon, les coopérateurs aient exactement le poids acheté.

L'autre annexe du magasin central est la boucherie coopérative : cette branche du commerce est l'une des plus difficiles à exploiter en coopération, et il n'est pas étonnant que beaucoup de sociétés n'aient pas réussi à le faire. Afin de favoriser le succès de sa boucherie, la « Lorraine » s'est efforcée de bien distinguer les questions de responsabilité et de finance. Pour obtenir de bons résultats la boucherie proprement dite doit être dirigée par un homme connaissant à fond son métier et la responsabilité de cette partie doit être laissée au chef de service, mais le Conseil ne peut s'en désintéresser complètement, aussi, tout en ayant complète liberté d'action, le chef boucher est tenu de rendre compte chaque jour de ses actes en remettant régulièrement un rapport à un membre de la commission de la boucherie de service pendant un mois.

Pour la partie financière, le paiement des bestiaux aux fournisseurs est effectué par la Caisse centrale de la Société qui n'a aucune relation de service avec la boucherie ; le contrôle du poids des bestiaux est fait au moyen de tickets remis au chef boucher par l'employé juré de service à l'abattoir. Le succès de la boucherie a été constant et le 15 Décembre 1899 déjà la Société a remboursé au pair (5o fr.) 20 des 6oo obligations, avec intérêts à 4 1/2 o/o, émises en 1894 pour permettre de construire les locaux de cette annexe.

Quant à la question des prix de vente des marchandises à la Société coopérative de Dombasle ils sont établis avec une majoration raisonnable permettant un taux de répartition équitable à la fin du semestre et les commerçants de la localité cherchent à se rapprocher autant que possible des prix fixés par la Société, ce qui fait profiter le public en général des bienfaits de la coopérative.

Pour les achats, le principe de la Société est d'acheter toutes les marchandises de premier choix en s'adressant directement à la production toutes les fois que cela est possible afin de supprimer ainsi les intermédiaires onéreux.

D'après l'article 14 des statuts la répartition des bénéfices nets de chaque semestre est faite de la manière suivante :

10 o/o sont distribués aux associés actionnaires. La somme attribuée au capital-action ne peut être inférieure à 2 fr. 50 par semestre et par action de 50 fr. ; ces 10 o/o sont répartis comme suit : 4 o/o d'intérêt sur le capital, le complément ou 6 o/o à titre de dividende, mais n'ont droit à ce dividende que les actionnaires dont les achats auront été supérieurs à 100 fr. par trimestre.

70 o/o sont attribués à tous les associés consommateurs, actionnaires ou non, proportionnellement à l'importance de leurs achats et sous la même condition que ci-dessus.

15 o/o vont à la réserve extraordinaire qui doit être collective et inaliénable pendant toute la durée de la Société, elle est affectée au paiement des immeubles et des constructions.

Le Conseil d'administration a une rétribution de 2 o/o sur les bénéfices nets à répartir également entre tous ses membres : primitivement cette allocation était de 4 o/o et à plusieurs reprises le Conseil d'administration lui-même en a demandé la suppression mais les assemblées générales s'y sont constamment refusées ; en 1893 une réduction seulement fut accordée. Le désir que tous les membres puissent aspirer aux fonctions d'administrateur, quelle que soit leur situation, a guidé les actionnaires dans leur refus ; les quelques dépenses que la situation de membre du Conseil rend inévitables sont ainsi facilitées par cette légère rétribution équivalant à des jetons de présence.

Le personnel de la Société participe aussi par parts déterminées (3 o/o) dans les bénéfices, comme d'ailleurs cela est de règle dans toutes les autres coopératives du département. Pour encourager les employés à l'économie, et créer un nouveau lien entre elle et ceux-ci, la Société a créé une caisse d'épargne en faveur de son personnel, les dépôts limités à 2.000 fr. rapportent 5 o/o d'intérêt. La Société assure aussi son personnel, sans aucune retenue de salaire, contre les accidents qui pourraient lui survenir dans le service ; enfin, depuis février 1900, il a été décidé que les employés de la « Lorraine » seraient en cas de maladie, soignés aux frais de cette dernière.

Comme la plupart des coopératives, la Société de Dombasle a institué un fonds de secours destiné à subventionner les familles nécessiteuses : ce fonds fixé primitivement par les statuts à 15 o/o est alimenté actuellement par un prélèvement maximum de 5oo fr. par semestre pris sur les bénéfices.

En résumé, par l'organisation de ses magasins, par la régularité de ses divers services, par son chiffre de ventes, la « Lorraine » a pris une place très importante dans le monde coopératif de l'Est : de nombreux coopérateurs viennent s'enquérir auprès d'elle de toutes les améliorations quelle réalise constamment et la plupart des sociétés formées depuis sa création l'ont été à son image. Ces résultats et cette prospérité sont surtout dûs au travail et à l'intelligence des membres du Conseil d'administration, ce qui justifie un des axiômes coopératifs les plus importants, à savoir que, loin d'être purement honorifique et de forme, le rôle d'administrateur exige un travail opiniâtre qui n'a sa récompense que dans le devoir accompli.

d).

LA SOCIÉTÉ DE CONSOMMATION DE CROISMARE

est un véritable magasin dont les propriétaires sont les cent actionnaires de la Société formée au capital de 7.000 fr. ; ils ont droit à 18 o/o de la répartition des bénéfices nets.

35 o/o seulement sont attribués aux consommateurs, actionnaires ou non, s'ils ont acheté pour plus de 100 fr. par trimestre.

Cette coopérative, quoique donnant de bons résultats, a le tort de renouveler tous les trimestres, par quart, son conseil d'administration nommé pour un an, délai trop court pour qu'il ait le temps de rendre à la Société des services utiles.

e).

LA SOCIÉTÉ DE CONSOMMATION DE LUNÉVILLE

dont le capital social est actuellement de 60.000 fr., est due à l'initiative de MM. Keller et Guérin qui l'ont fondée pour améliorer le sort matériel de leurs ouvriers ; l'immeuble, bâti sur les plans de celui de Dombasle, dans lequel la Société est installée a été édifié grâce aux fonds avancés, moyennant un fort modique intérêt, par les patrons ; de plus, la Société est en compte courant avec la faïencerie.

Elle possède une boulangerie et une boucherie, une succursale est établie à Saint-Clément.

Sur les bénéfices nets, en dehors de 40 o/o attribués aux réserves légales et extraordinaires, il est distribué :

17 o/o à tous les associés actionnaires ;

et 30 o/o à tous les consommateurs au prorata de leurs achats et sous la condition qu'ils atteignent au moins le chiffre de 300 fr. par an.

La Société de consommation de Lunéville ne vend pas au public, mais en dehors du personnel de la Faïencerie, elle admet toute personne à s'approvisionner aux magasins, à titre de membre coopérateur, moyennant une cotisation annuelle de 3 fr.; pour faire bénéficier plus amplement des bienfaits coopératifs les ouvriers des différents établissements, une seule cotisation peut être payée pour tous, par chaque établissement.

f)

LA « SERPENOISE » DE DIEULOUARD

est installée sur le modèle de la « Lorraine » de Dombasle dans un immeuble lui appartenant ; à noter l'existence dans cet immeuble, d'un café où les membres coopérateurs trouvent des consommations saines et à bon marché.

En somme, si, après avoir examiné les Sociétés de ce troisième groupe, nous avons remarqué qu'elles n'observent pas strictement les purs principes coopératifs, il n'en est pas moins vrai qu'elles rendent aux ouvriers pour qui elles sont créées, de signalés services en abaissant sensiblement pour eux le coût de la vie matérielle tout en leur procurant des avantages ; par suite, elles peuvent contribuer à assurer aux patrons un personnel plus stable et plus dévoué : elles méritent donc d'être encouragées, en souhaitant seulement qu'elles n'exagèrent pas les avantages faits au capital, ce qui amènerait leur chute.

III

Au point de vue théorique, donc l'individu désirant aider les autres en s'aidant soi-même, souhaitant remplacer l'effort égoïste par une solidarité bien entendue, a compris qu'il ne pouvait arriver à ces fins que par l'association ; et les associations mêmes nées de cette idée tendent à leur tour à se grouper, pour supprimer la concurrence et réagir contre l'exploitation de l'homme par l'homme partout où elle se rencontre dans le domaine économique en s'aidant pour cela de deux moyens : la suppression des intermédiaires et la subalternisation du capital. Procurer tout directement en supprimant peu à peu les intermédiaires, voilà ce que les sociétés coopératives cherchent tout d'abord à réaliser pour le plus grand avantage de ceux qui viennent à elles, elles permettent au consommateur de se passer du détaillant trop fort de son utilité et, mettant en rapports directs le producteur et l'acheteur, elles s'efforcent de faire disparaître le vendeur trop exigeant.

N'obtiendraient-elles que ces résultats, diminuer les dépenses et par là augmenter le revenu de l'ouvrier que les coopératives devraient être recherchées par tous, c'est d'ailleurs là, à notre avis, leur but pratique immédiat. Elles rêvent bien ou plutôt on rêve bien par elles la transformation du capital en salarié, la location du capital par le travail, mais il y a là une large part de chimère, c'est de la théorie pure. La suppression du profit sous toutes ses formes, tel doit être l'idéal de toute véritable société coopérative ; en conséquence le nombre d'actions que chacun pourra posséder sera strictement limité et l'intérêt servi au capital modéré afin que l'on ne perde pas de vue l'objet fondamental de la société et que les bénéfices aillent aux ouvriers non pas en tant que capitalistes mais en tant que travailleurs.

Enfin il y a une éducation coopérative qu'il est nécessaire d'acquérir : la coopération tend à créer une nouvelle compréhension de la conduite des affaires industrielles aussi bien dans la méthode que dans les principes, ce qui implique une éducation nouvelle qu'il faut donner aux classes laborieuses en cherchant à leur faire comprendre leur véritable intérêt et en développant chez elles les idées d'ordre et d'économie : ce n'est que sur un terrain bien préparé que peuvent naître et prospérer les sociétés coopératives, quelles qu'elles soient.

En résumé il reste aux Sociétés de consommation un champ d'action très vaste où elles sont appelées à rendre de grands services pratiques et journaliers qui suffisent à eux seuls pour les mettre au rang des institutions les plus utiles qu'a léguées au siècle nouveau celui qui vient de finir.

Au point de vue pratique, pour créer une société coopérative de consommation il faut, s'inspirant des exemples fournis par les différentes sociétés que nous avons passées en revue, prendre aux unes ce qu'elles ont de bon, rejeter des autres ce qu'elles ont de mauvais ; il faut aussi ne pas perdre de vue le milieu où elle devra se développer, les besoins qu'elle devra satisfaire, le but enfin qu'elle devra poursuivre.

Pour une coopérative de consommation destinée aux ouvriers d'une agglomération industrielle, nos préférences iront aux organisations du 3ᵉ groupe (sociétés mixtes, page 43) que nous avons étudiées ; sans peut-être satisfaire théoriquement tous les principes coopératifs, elles n'en contribuent pas moins pratiquement à améliorer le sort des ouvriers au grand avantage des travailleurs et des patrons.

Les conditions essentielles à l'organisation et à la réussite d'une société coopérative nous semblent les suivantes :

D'abord il faut un milieu favorable, conscient des avantages que présente la coopération et bien décidé à en profiter; en un mot il faut à une coopérative, comme à tout autre commerce, des clients et des actionnaires.

Pour attirer cette clientèle, la Société de consommation devra ou vendre le meilleur marché possible ou plutôt distribuer des dividendes appréciables à ses adhérents, ce dernier système sera préférable car il contribuera à faire naître et à développer l'idée d'épargne chez l'ouvrier.

La Société devra admettre ou non le public à s'approvisionner à son magasin social; dans le premier cas elle ne devra n'accepter d'adhérents que moyennant un droit d'entrée pour lui permettre de les choisir, ainsi compris, ce système de l'admission dans la Société peut assurer la prospérité d'une coopérative dont les membres ne seraient pas assez nombreux, et cela pour le plus grand bien de tous. En ne vendant pas au public, la Société aura l'avantage d'être considérée par le fisc comme une société civile et d'échapper ainsi à la patente; elle sera en outre moins en but aux attaques des petits commerçants.

Pour que la Société n'ait pas à souffrir de la négligence ou de l'indifférence de quelques-uns, tout membre devra être tenu de faire au magasin social un minimum d'achats par mois, sauf excuse valable, s'il veut avoir droit aux bénéfices et au remboursement.

La vente, sauf le cas de chômage et de maladie devra se faire au prix courant et au comptant afin, comme nous l'avons déjà dit, de favoriser l'épargne par la distribution de dividendes et d'encourager chez l'ouvrier les habitudes d'ordre et de prévoyance.

Il sera bon de prélever une part sur les bénéfices pour alimenter une caisse de secours pouvant venir en aide aux familles des coopérateurs nécessiteux et contribuer à des œuvres humanitaires.

La Société, ayant un capital social suffisant, une organisation bien comprise, une clientèle assez étendue, il est encore un facteur important nécessaire à son succès; il lui faut des administrateurs intelligents, consciencieux et désintéressés. Nous préconiserons ici le système où le conseil d'administration conserve ses fonctions assez longtemps pour acquérir de l'expérience et en faire profiter la Société.

Voilà les quelques grands principes desquels on ne doit pas s'écarter si l'on veut obtenir des résultats sérieux ; voyons maintenant la marche à suivre pour créer une société coopérative de consommation.

D'abord la forme anonyme nous semble devoir être adoptée de préférence à la forme purement civile parce que, seule, elle s'accorde sûrement avec les dispositions légales sur les sociétés à capital variable, et que seule elle permet de limiter la responsabilité des sociétaires au montant de leurs souscriptions. Il faut ensuite, après avoir choisi la forme de la future coopérative, remplir les formalités suivantes :

1° Faire imprimer les statuts.

2° En porter quatre exemplaires au timbre pour les faire timbrer et enregistrer.

3° Porter un des exemplaires timbrés et enregistrés chez un notaire avec la liste des souscriptions et l'indication des sommes réellement versées, pièces nécessaires au notaire pour dresser l'acte constitutif de la Société en quadruple exemplaire.

4° Convoquer l'assemblée générale constitutive dont le procès-verbal devra être écrit en triple expédition sur feuilles timbrées.

5° Publier dans un journal d'annonces légales la date de constitution de la Société, l'extrait des statuts concernant les tiers et les noms des administrateurs choisis par l'assemblée constitutive.

6° Déposer au greffe de la Justice de Paix et du Tribunal de commerce :

Un exemplaire de l'acte notarié (déclaration du capital) ;

Un exemplaire des statuts sur papier timbré ;

Un exemplaire du procès-verbal de l'assemblée constitutive.

Les autres exemplaires restant aux archives de la Société.

Il reste ensuite à acheter des marchandises, à aménager un local et la nouvelle Société pourra alors remplir son rôle bienfaisant et contribuer, dans sa sphère, à améliorer la situation matérielle de ses clients, œuvre utile et de grande importance puisqu'elle constitue un progrès social.

COOPÉRATIVES DE RESTAURANTS POPULAIRES ET ÉCONOMIQUES

Il existe aussi, dans le même ordre d'idées, des institutions qui peuvent être très utiles aux ouvriers, ce sont les Sociétés coopératives de restaurants populaires et économiques : leurs bienfaits s'étendent à 3 catégories de travailleurs :

1º Aux célibataires qui éviteront ainsi les entrainements de la pension particulière où ils sont souvent poussés à boire ou à jouer ;

2º Aux ouvriers dont le domicile est trop éloigné pour qu'ils retournent chez eux à chaque repas et qui peuvent ainsi se procurer économiquement des aliments chauds ;

3º Aux familles enfin, car la ménagère peut, en cherchant ses repas au restaurant populaire, consacrer au travail le temps qu'elle mettrait à la préparation des aliments.

Le titre de sociétaire dans ces coopératives s'acquiert le plus souvent par le versement d'une somme minime (1 fr.) ; rarement on y distribue des dividendes, les bénéfices devant être employés à l'amélioration du service. La vente au comptant est de règle, et la boisson y est strictement rationnée. Il serait désirable qu'on puisse y adjoindre une salle de réunion où l'on ne débiterait que des boissons hygiéniques.

Ces sociétés aussi peuvent être d'une grande utilité mais pour assurer leur succès, trois conditions essentielles sont nécessaires :

1º Il faut qu'elles aient une clientèle suffisante et pour cela, qu'elles soient proches de l'usine dont elles doivent nourrir les ouvriers.

2º Il faut qu'elles soient bien administrées.

3º Il faut qu'elles évitent de devenir la proie des spécialistes de la mendicité ; pour cela, elles doivent écarter cette catégorie de clients qui, le plus souvent, éloigne les vrais travailleurs.

En somme, dans une agglomération industrielle de grande importance une société coopérative de restaurants économiques viendra compléter heureusement une association de consommation ; cet ensemble d'institutions ne pourra avoir que les meilleurs résultats au point de vue particulier du patronat et du salariat et au point de vue social et économique en général.

www.ingramcontent.com/pod-product-compliance
Lightning Source LLC
Chambersburg PA
CBHW061321060726
47596CB00003B/1020